NOTICE

SUR LA POLICE

DE LA PRESSE ET DE LA LIBRAIRIE,

sous la Monarchie, la République et l'Empire;

**Influence de la Presse sur les événements politiques
et sur le mouvement des idées.**

PAR Baudouin

Secrétaire de la Présidence à la Chambre des Représentants des Cent Jours.

Les choses n'ont de valeur que par l'esprit qui règne.

———

PARIS.

TYPOGRAPHIE DE RIGNOUX,

RUE MONSIEUR-LE-PRINCE, 31.

—

1852

Le rétablissement d'une direction de l'imprimerie , de la librairie et de la presse , m'a fourni l'occasion de rechercher l'origine de cette institution ; d'apprécier en même temps les moyens de surveillance exercés sur l'imprimerie , depuis sa découverte jusqu'à nos jours ; de passer en revue les diverses législations qui se sont succédées , en raison de l'influence que cet art merveilleux répandait sur les événements politiques et religieux.

En livrant aujourd'hui à l'impression quelques-unes de ces recherches historiques , je n'ai pas eu la prétention d'*écrire*, mais d'*exposer* plusieurs faits dans leur simplicité.

J'ai divisé mon travail en deux époques : L'une qui commence en 1437, jusqu'à 1814 ; elle comprend la monarchie, la République et l'Empire. L'autre, de 1814 à 1851 ; elle embrasse la monarchie constitutionnelle , le régime parlementaire , la République jusques et compris l'ordre de choses établies par la constitution de 1852.

Habitué, dans un temps plus heureux, à consulter le thermomètre de l'opinion pour asseoir le succès de mes opérations commerciales, j'ai jeté dans cette esquisse plusieurs observations sur l'esprit public et ses nombreuses métamorphoses.

Dans cette ébauche d'un vaste tableau, qu'une main plus habile pourra tracer un jour et revêtir de toutes les formes élégantes, de tout ce coloris dont il est susceptible, je n'ai eu d'autre idée que de rapprocher et de comparer entre elles toutes les législations, pour arriver à l'établissement d'un système qui, tout en maintenant la liberté de la presse comme un principe créateur et nécessaire à la marche de l'esprit humain, pût, dans un moment de crise, prévoir la possibilité de *suspendre* momentanément l'exercice d'*un de ses corollaires*, comme la politique par exemple, sans comprimer la civilisation dans tous ses développements.

J'ai encore voulu faire comprendre qu'une direction de l'imprimerie, telle que l'avait conçue l'illustre M. de Malesherbes, n'est point instituée pour *réprimer*, mais pour *encourager* les sciences, les lettres et les arts ; qu'au pouvoir judiciaire seul appartient le droit de juger les auteurs.

Qu'enfin , si la régularisation de l'exercice de l'imprimerie est nécessaire comme une garantie sociale, comme un moyen de recherche efficace pour arrêter les abus, utile même pour assurer la prospérité de cette branche si précieuse de l'industrie, il est temps de reconnaître que l'instrument mécanique joue un rôle passif dans la fabrication ; qu'il convient donc de le dégager de la responsabilité morale de ses produits, et d'admettre l'auteur reconnu d'un ouvrage, agissant dans l'exercice de sa liberté, à recueillir la gloire entière de son œuvre, ou à assumer sur lui seul la responsabilité de ses écarts.

Tel est le but que je me suis proposé ; en pouvais-je avoir d'autres ? moi, soldat invalide de la presse, couvert de blessures incurables, défiguré par la souffrance, méconnu par ceux dont j'ai favorisé les timides essais, par ceux encore pour lesquels j'ai présenté vingt fois ma personne aux requisitoires de la justice royale : soit qu'il s'agit de défendre les proscrits ou la mémoire des victimes, de soulager les débris de nos glorieuses phalanges ou de publier leurs travaux héroïques ; de secouer la poussière de notre vieux drapeau, en présence de celui qui nous était imposé ; de ranimer l'amour de la patrie, réduit alors au dévouement personnel ; en un mot, de miner le terrain.

Mis hors de combat par la persécution, plus douloureusement encore par la fraude, j'ai dû laisser à d'autres le soin de pousser la muraille ébranlée !...

VI

Le malheur aigrit le caractère, affecte l'âme ; les priva-
tions affaiblissent le corps et enlèvent les forces. Mais tant
de maux accumulés ne sauraient légitimer l'abandon d'une
cause pour laquelle on n'a pas craint de risquer position, fortune, liberté !

SOMMAIRES.

PREMIÈRE ÉPOQUE.

Invasion, 1814.

SECONDE ÉPOQUE.

NOTICE

SUR LA POLICE

DE LA PRESSE ET DE LA LIBRAIRIE.

PREMIÈRE ÉPOQUE.

La Monarchie, la République et l'Empire.

(1275) Avant la découverte de l'imprimerie, le commerce des libraires consistait à faire transcrire les manuscrits et à les mettre en circulation. Ces commerçants étaient soumis à des règlements particuliers, de simple police. Ce n'est guère qu'en 1275 que Philippe le Hardi plaça les libraires sous la surveillance et la juridiction de l'Université, afin d'éviter la circulation de copies fautives des livres. Ils furent considérés comme suppôts ou agrégés de cette même Université.

(1437 à 1450) Aussitôt après cette découverte, les souverains, à l'envi, s'empressent d'encourager les inventeurs, et les favorisent par des priviléges et exemptions de toute nature(1).

Peu à peu son influence se fait sentir dans la propagation des idées, et en premier lieu, sur les matières religieuses.

Le développement prodigieux de cette invention excite de plus en plus les encouragements des princes; ils sont toutefois environnés de prescriptions formant un vaste réseau qui

---

(1) On attribue la découverte de l'imprimerie à Jean-Laurent Coster, de Harlem, en 1420; à Jean Mentel, de Strasbourg, 1437; à Jean Faust, Pierre Schoeffer et Jean Guttemberg, gentilhomme de Mayence, 1450. Voy. *Histoire de l'invention de l'imprimerie par les monuments*, par Eugène Duverger; Paris, 1840.

doit, un jour ou l'autre, la circonscrire, l'enlacer, et l'enchaîner.

(1470) Plusieurs ouvrages échappés au ravage du temps, et portant la date de 1470, permettent de fixer, d'une manière certaine, l'usage régulier de l'imprimerie en France à cette même année.

(1530) Le libre échange des idées continue sa marche prodigieuse en raison des progrès de l'imprimerie; les prédications (1) et les discussions qui s'établissent par cette communication rapide donnent bientôt naissance au *libre examen*, et amènent insensiblement la *réforme religieuse*, qui occupe une place si importante dans les annales des peuples (2).

Dès ce moment, on commence à apercevoir, à côté des faveurs prodiguées par quelques souverains, des restrictions couvertes sous le manteau de la protection, imposées par quelques autres.

« On comprend, disait Napoléon au Conseil d'État, lors de
« la discussion du projet de décret sur l'imprimerie, que dans
« les siècles barbares, où tout était sous la puissance des
« papes, l'autorité du clergé, l'empire des moines ; dans ces
« temps, on devait nécessairement lier et rapporter toutes les
« études aux sciences ecclésiastiques.

« Cependant les excès des papes et du clergé ont fini par
« blesser et révolter les souverains ; ils ont cherché à y opposer
« une digue. Dans cette intention, ils ont encouragé les
« lettres et propagé l'étude des anciens; elle était propre à
« détruire les idées fausses qui dominaient à cette époque. Les
« circonstances ont servi leurs projets. Les dépositaires de ce

---

(1) Luther, en Allemagne, 1518 ; Zwingle, en Suisse, 1519 ; Calvin, en France, 1532.

(2) Diète d'Augsbourg, où les protestants présentent leur profession de foi, nommée *confession d'Augsbourg*.

« qui restait des anciennes connaissances venaient de fuir de
« l'Orient ; les Médicis et François Ier les recueillirent. Alors
« on vit paraître des ouvrages où les préjugés n'étaient pas
« ménagés. Joseph II est le dernier souverain qui ait protégé
« les opinions nouvelles et hardies.

« Depuis, tout a changé ; on ne redoute plus les papes, on
« ne redoute plus le clergé ; mais on peut craindre cette fausse
« philosophie qui, soumettant tout à l'analyse, tombe dans le
« sophisme, et aux anciennes erreurs substitue des erreurs
« nouvelles. Peut-être que, par l'effet de cette crainte, la
« censure comprimerait la véritable philosophie. »

(1686) Les premiers actes qui puissent être regardés
comme de véritables statuts de la librairie sont l'édit de
1686, ouvrage du grand Colbert, et la déclaration du 23 octobre 1713, donnée en interprétation de cet édit.

(1723) Ces mêmes statuts furent également insérés dans
le Règlement de 1723, œuvre de l'illustre chancelier d'A-
guesseau.

Ce document renferme en quelque sorte l'esprit des or-
donnances, des règlements, et des jugements rendus en
cette matière, pendant plus de trois siècles ; il embrasse les
règnes de Charles VIII, Louis XII, François Ier, Charles IX,
Henri IV, Louis XIII.

C'est aux sages dispositions établies par d'Aguesseau, autant qu'aux soins éclairés des illustres magistrats qui se sont
occupés de cette partie de l'administration, qu'est due la
restauration, ou, pour mieux dire, la création de la librairie
française ; c'est sous les auspices de ce véritable code qu'elle
prit un nouvel essor, une nouvelle forme, un plus grand développement. Les travaux se multiplièrent, son commerce s'a-
grandit ; de sorte qu'on vit éclore et s'établir les entreprises

les plus considérables, les plus utiles, et les plus honorables.

Depuis cette époque, les éditions françaises furent recherchées par les nations étrangères ; la fabrication hollandaise, si justement renommée, perdit de son importance sur les marchés de l'Europe.

Aux termes du règlement de 1723, les imprimeurs ne pouvaient être admis dans la corporation avant d'avoir subi un examen sur l'art typographique, expliqué un auteur latin et fait la lecture d'un passage d'un auteur grec.

Leur nombre était limité par généralité, conformément à l'arrêt du conseil de 1759.

Les libraires se trouvaient dans les mêmes conditions d'admission, mais leur nombre était illimité.

Ils étaient obligés les uns comme les autres, sous les peines les plus graves, de placer leurs noms, demeures et enseignes, en tête de chaque livre ou écrit mis en circulation.

Les auteurs ne pouvaient faire imprimer leurs ouvrages avant d'avoir obtenu un privilége du Roi, lequel n'était jamais délivré qu'après examen ou censure du livre.

L'ouvrage devait toujours contenir leur nom, pour en assurer la responsabilité et l'authenticité historique.

Cet examen s'exerçait, dans le principe, par les membres de l'Université ou leurs clercs ; il fut confié ensuite à des censeurs spéciaux nommés par le chancelier de France.

Le privilége obtenu, les auteurs avaient la propriété de leur œuvre à *perpétuité,* ou simplement leur vie durant, s'ils venaient à la céder.

Voici l'opinion de Napoléon, sur cette question émise par lui au Conseil d'État (1) :

---

(1) Procès-verbal du Conseil d'État, septembre 1808.

« La perpétuité de la propriété dans les familles, dit-il,
« aurait des inconvénients.

« Une propriété littéraire est une propriété incorporelle,
« qui, se trouvant dans la suite des temps, et par le cours
« des successions, divisée entre une multitude d'individus,
« finirait en quelque sorte par ne plus exister pour personne ;
« car, comment un grand nombre de propriétaires, souvent
« éloignés les uns des autres, et qui après quelques généra-
« tions se connaissent à peine, pourraient-ils s'entendre et
« contribuer pour réimprimer l'ouvrage de leur auteur com-
« mun ? Cependant, s'ils n'y parviennent pas, et qu'eux seuls
« aient le droit de publier, les meilleurs livres disparaîtront
« insensiblement de la circulation. Il y aurait un autre in-
« convénient non moins grave ; le progrès des lumières serait
« arrêté, puisqu'il ne serait plus permis ni de commenter ni
« d'annoter les ouvrages ; les gloses, les notes, les commen-
« taires, ne pouvant être séparés d'un texte qu'on n'aurait
« pas la liberté d'imprimer !

« D'ailleurs un ouvrage a produit à l'auteur et à ses héri-
« tiers tout le bénéfice qu'ils peuvent naturellement en at-
« tendre, lorsque le premier a eu le droit exclusif de le
« vendre pendant toute sa vie, et les autres pendant les dix
« ans qui suivent sa mort.

« Cependant, si l'on veut favoriser davantage encore sa
« veuve et les héritiers, qu'on porte leur propriété à vingt
« ans » (1).

---

(1). En 1836, revenant d'Afrique, de passage à Bruxelles pour me rendre
en Russie, je vis, dans un journal français, la pétition des libraires de
Paris, à l'effet d'obtenir des traités diplomatiques pour garantir la propriété
littéraire dans tous les pays. J'avais parcouru une grande partie des ateliers
de fabrication de l'Italie, de la Suisse, de l'Angleterre et de l'Allemagne,
je me trouvais de nouveau au milieu du foyer de la réimpression ; j'étais à
même, sans prévention, de pouvoir juger du mérite de la réclamation : car

On aurait pu croire que le privilége à perpétuité, accordé par l'ancienne monarchie aux auteurs, pour leurs œuvres, leur permettrait de former un héritage qui deviendrait une fortune pour leurs familles. L'effet amena un résultat tout contraire; la contrefaçon s'exerça ouvertement et impunément, sur une échelle si vaste qu'il fut presque impossi-

---

juger, c'est voir, apprécier et comparer. Je fus saisi du contre-sens commercial qu'allaient faire mes anciens camarades; je pris la plume, et, dans une *note* (a), j'exposai la situation où l'on allait placer notre littérature comme notre fabrication. J'essayai de démontrer qu'une pareille législation était un enlacement au profit des gouvernements étrangers, une annihilation de la prépondérance de notre glorieuse patrie, un leurre pour les auteurs, qui ne retireront jamais une obole de la réimpression; enfin un encouragement offert à la véritable contrefaçon, qui aurait d'autant plus d'aliments que la marchandise défendue offre toujours un appât. Cette conviction, je la partage encore, et ne voulant pas lutter contre l'opinion admise, je me contente d'ajourner les libraires français à cinq années d'expérience.

La note que je traçai à Bruxelles fut tirée à vingt-cinq exemplaires, dont cinq furent expédiés en France. J'en adressai un exemplaire à M. le vicomte de Chateaubriand, et voici la réponse que cet illustre écrivain prit la peine de m'adresser sur la terre d'exil.

Paris, le 15 novembre 1836.

« Je crois, Monsieur, vos idées sur la *propriété littéraire* très-bonnes;
« mais en fait de *propriété* je n'y entends pas grand'chose : je me rassure
« pourtant, en songeant que dans l'état actuel des mœurs on pourra toujours
« trouver quelque hôpital pour ceux qui font des livres et pour ceux qui les
« impriment. Du reste, Monsieur, mon suffrage vous est bien acquis : je
« vous remercie sincèrement pour le bien que vous m'avez voulu, et je vous
« prie d'agréer l'assurance de ma considération très-distinguée.

« CHATEAUBRIAND. »

A Monsieur B , hôtel de Suède,

à Bruxelles.

(a) Voyez *Journal de la librairie* du 3 décembre 1836, n° 49. Note de M. Beuchot, rédacteur en chef :

« Ce n'est pas seulement en France qu'on a imprimé sur la propriété littéraire. Il a paru à Bruxelles, en octobre 1836, une *Note sur la propriété littéraire, et des moyens d'en assurer la jouissance dans les principaux États de l'Europe, sans nuire aux intérêts matériels des peuples, et sans nécessiter des lois prohibitives;* in-8° de 18 pages.

« Cette brochure est digne d'attention. »

ble de la réprimer ; on en vint même à la tolérer, pour ne pas favoriser la fabrication clandestine des villes frontières.

Investi d'un privilége royal, accordé après censure préalable, délibéré souvent par un arrêt du conseil, on devait penser que les auteurs étaient mis à l'abri de toute recherche pour la publication de leurs ouvrages.

Cependant, à l'apparition de l'édit de 1686, rédigé par Colbert, le Parlement prétendit avoir le droit d'examiner les livres publiés avec autorisation et privilége du Roi, se fondant sur ce que l'autorité souveraine avait sans doute l'administration et la police de l'imprimerie, mais qu'elle ne pouvait soustraire à l'autorité de la justice les crimes et délits commis par la voie de la presse, sous le permis d'un censeur inhabile, ou partageant les idées d'un auteur ; la remontrance alla jusqu'à contester l'autorité du conseil du Roi en matière de concession de privilége littéraire.

Voilà ce qui autorisa le Parlement à instruire, à plusieurs époques, à l'occasion de certains ouvrages dont il fit citer les auteurs à sa barre. Il les jugea, condamna à l'amende, à la prison, quelquefois seulement à la destruction du livre par la main du bourreau. C'est ainsi qu'on peut se rendre compte des procès faits à l'*Encyclopédie* de Diderot et d'Alembert, et à l'*Émile* de Rousseau (1).

Il en résulta une agitation parlementaire qui, commencée sous le règne de Louis XIV, continua sous celui de Louis XV, dura jusqu'aux premières années du règne de Louis XVI, et fut un des préludes de la révolution de 1789.

(1774) Lorsque Louis XVI monta sur le trône, l'anxiété la plus vive se manifesta dans la nation !

---

(1) L'idée, le plan, comme la publication de l'*Encyclopédie*, ce vaste résumé des connaissances humaines, sont dus au génie du libraire *Joseph Panckoucke* (1759).

Les désordres de l'ancien règne, ses folles dépenses, ses prodigalités sans exemple, le déficit apparent des finances, l'agitation des parlements, l'esprit philosophique luttant contre la religion, les innombrables pamphlets qui corrompaient les mœurs, l'impuissance visible de la répression, tout, en un mot, concourait à faire redouter non pas une crise, mais une explosion terrible de l'opinion.

Louis XV n'avait pas été le dernier à entrevoir le danger ; il pensa qu'arrêter le mouvement, c'était faire craquer le vieux système : aussi, prévoyant que le réformer serait une tâche au-dessus de ses forces, de son âge et de ses infirmités, laissa-t-il couler le temps ; s'il voyait la cause du mal, tous ses soins, tous ses efforts, ne tendaient qu'à en reculer l'effet. Sa prédiction fatale : *après moi, la catastrophe !* devait s'accomplir.

Un homme extraordinaire, comme il en apparaît quelquefois dans le monde, un génie fondateur, aurait compris, à l'aspect d'une telle situation, qu'on était arrivé à l'une de ces époques, rares dans l'histoire des peuples, où l'on doit tout oser..., si l'on veut tout sauver.

En effet, lorsque l'esprit d'une nation est en marche, le véritable génie est de s'en emparer, de le devancer, d'en prendre la tête, et de s'en faire suivre, au lieu de se traîner de concession en concession, pour aboutir à annihiler le présent, sans rien constituer de réel pour l'avenir.

Louis XVI, doué d'une âme forte, d'une bonté inépuisable, animé de l'amour du bien public, mais, en même temps, dominé par l'esprit religieux, d'un naturel lent, d'un caractère timide, était placé dans cette double alternative, si facile à voir, si difficile à discerner : *innover* ou *améliorer*.

Sa qualité de petit-fils de saint Louis, comme son droit héréditaire, lui firent préférer la voie des *améliorations* à l'*innovation;* en prenant ce parti, l'orgueil si légitime de sa race se trouvait en parfait accord avec la bonté naturelle de son cœur.

Comme roi de *France* et de *Navarre,* améliorer les institutions du royaume, c'était déjà une concession immense faite à l'esprit du temps, en présence des siècles passés !... Et pourtant ce n'était rien, en vue des progrès réservés aux générations futures !

(1787) Les premiers actes politiques du Roi, l'abolition de la torture, la suppression de la corvée, la convocation des notables et celle des états généraux, ne firent qu'enflammer l'imagination du peuple, qui nourrissait déjà l'espérance d'une régénération complète.

La fédération du Champ-de-Mars en fut l'expression, comme symbole de la *fraternité;*

La renonciation des titres de noblesse, la conséquence, en établissant l'*égalité;*

La prise de la Bastille, le résultat, en proclamant la *liberté.*

Elle avait eu sa première manifestation à la représentation du *Mariage de Figaro* de Beaumarchais (1784).

Napoléon disait de *Figaro* que «c'était déjà la révolu-«tion en action.»

Dans cette immense expansion de l'opinion publique, la presse était appelée à jouer le premier rôle. Déjà les hommes les plus dévoués à la monarchie héréditaire méditaient, dans le silence du cabinet, les moyens d'arriver sans secousse à faire jouir la nation d'une sage liberté, garantie par la loi civile.

Toutes les classes de la société leur venaient en aide. Le gouvernement ne rapportait pas, il est vrai, les lois répressives de la presse ; mais les ministres et leurs agents facilitaient par une censure *illusoire* la publication des ouvrages dirigés contre les institutions du pays et contre la religion. A leur défaut, ils laissaient introduire ou circuler dans le royaume ceux publiés à l'étranger.

(1788) La réforme se faisait jour partout.

Parmi les amis d'une sage liberté, nous devons citer M. Lamoignon de Malesherbes, président de la Cour des aides, qui avait préludé, dans sa noble carrière, par la rédaction de deux mémoires, l'un sur la *liberté de la presse*, l'autre sur la *librairie*.

Ce fut ce magistrat éclairé que Louis XVI choisit pour directeur de l'imprimerie et de la *littérature*. Un tel choix ne pouvait qu'honorer le monarque, et lui concilier la faveur des écrivains.

Aussi, sous l'administration de cet homme éminent, les auteurs reçurent de nombreux encouragements, et le commerce de la librairie devint très-prospère, en raison des facilités accordées pour trafiquer avec les pays étrangers.

A côté de M. de Malesherbes, nous devons mentionner les efforts faits par M. de Loménie de Brienne, archevêque de Sens, premier ministre, pour entrer dans une voie qui, tout en sauvegardant les droits de la couronne, pût arriver à satisfaire les vœux de la nation. Cet homme d'État ne cessa de réclamer le concours et les lumières des hommes même d'opinions les plus avancées, afin de pouvoir seconder la marche du gouvernement dans ses idées de réforme.

(1789) L'abbé Sieyès se chargea de la réponse du peuple aux avances des conseillers de la cour, en publiant sa remarquable brochure : *Qu'est-ce que le tiers-état ? Tout. — Qu'a-t-il été jusqu'ici ? Rien. — Que demande-t-il ? Devenir quelque chose.* Cet ouvrage produisit une émotion si vive dans toute la nation, qu'on peut le regarder à juste titre comme une des causes de la fusion des *trois ordres* en une *assemblée nationale.*

Ainsi le premier symptôme de la destruction de la monarchie se fit jour à l'*Assemblée constituante* (1) ; le deuxième se montra plus énergique à l'*Assemblée législative* (2) ; le troisième et dernier éclata dans la *Convention nationale* (3), et finit le 21 janvier 1793.

(1791) Les réformes introduites, par l'Assemblée constituante, dans toutes les branches de l'administration publique amenèrent la suppression de toutes les corporations et maîtrises. Tous les états furent déclarés libres, et l'exercice en fut autorisé moyennant la prise d'une simple patente. La profession d'imprimeur entra, comme les autres, dans le droit commun.

(1792) Dès ce moment, l'imprimerie et la librairie prirent un développement immense. Dans la seule ville de Paris, les établissements d'imprimerie, limités à 36, s'élevèrent rapidement à plus de 400. Le nombre des livres et écrits publiés à cette époque est incalculable. Les journaux, suivant un savant chroniqueur, fournissent une bibliographie de 5,052 volumes (4). Ce fut à un tel point que le papier d'impression vint à manquer !

(1793) La propriété littéraire fut envahie. La Convention elle-même, effrayée de ce désordre, crut indispensable d'y apporter un remède ; le 19 juillet 1793, elle rendit un décret tendant à maintenir les droits de propriété des auteurs d'écrits en tout genre, des compositeurs de musique, des

---

(1) Assemblée constituante, 1789 à 1791.
(2) Assemblée législative, 1791 à 1792.
(3) Convention nationale, 1792 à 1795.
(4) *Bibliographie des journaux,* rédigée par Deschiens, avocat à la cour royale de Paris ; 1 vol. in-8°, 1829.

peintres, des dessinateurs, et en fixa la durée : à l'auteur, pendant toute sa vie ; à sa veuve et à ses héritiers, pendant dix ans après sa mort.

Il est utile de remarquer que, dans ce déluge de publications, la fabrication des livres se ressentit beaucoup des mains inhabiles qui la dirigeaient. La correction fut négligée, les textes originaux altérés ; un grand nombre d'écrits parurent sans nom d'auteur, la responsabilité historique devint illusoire ; le papier enfin fut de la dernière qualité, et privé de la marque du fabricant ; en sorte qu'on ne peut guère citer une œuvre typographique qui date de cette ère de liberté.

Il y a mieux, les rapports commerciaux de la librairie avec l'étranger en souffrirent, à mesure que l'émancipation de la presse gagnait de pays à pays. Elle donna naissance à des établissements étrangers, qui plus tard rivalisèrent avec les produits des presses françaises, et leur causèrent un dommage dont on n'a pas encore pu complétement neutraliser les effets.

(1791 à 1795) Cet état de choses dura tout le temps de la tourmente révolutionnaire ; arrivé cependant à l'époque du Directoire, le gouvernement, attaqué violemment par les organes des divers partis, principalement par les royalistes, eut recours, pour maintenir son pouvoir chancelant, à un coup d'État appelé dans l'histoire *le 18 fructidor*.

(1797) Un grand nombre de déportations à Cayenne furent prononcées et exercées contre des députés, des écrivains, et des journalistes, dont les feuilles furent supprimées par mesure de sûreté générale (1).

---

(1) Ce coup d'État avait eu un précédent, le 10 août 1792. La *commune de*

(1798) A peine deux années écoulées, le Directoire sentit la nécessité de créer un *Ministère de la police générale ,* comme le moyen le plus efficace d'assurer l'exécution des lois relatives à la sûreté des personnes et à la tranquillité intérieure de la République.

(1799) M. LECARLIER fut le premier ministre investi de ces hautes fonctions.

L'organisation des bureaux de ce nouveau ministère, créé sous le régime d'une constitution qui reconnaissait la liberté de la presse, laisse cependant apercevoir la trace d'une surveillance occulte des journaux qui avaient survécu au coup d'État du 18 fructidor. Un bureau spécial y fut consacré, et, chose curieuse, on y trouve l'emploi d'un réviseur chargé de l'examen des circulaires administratives avant qu'elles fussent adressées aux autorités constituées (2).

La liberté de la presse fut reconnue, l'exercice de l'imprimerie resta *libre,* les livres et brochures continuèrent à circuler sans recherche ni répression. Après quelques mois d'exercice, M. Lecarlier fut remplacé par Joseph FOUCHÉ, de Nantes, ancien membre de la Convention, appelé à diriger ce ministère par l'influence du directeur Barras.

Sans entrer dans l'examen des principes politiques de cet homme d'État, nous rechercherons l'esprit de conduite qui le dirigea dans ses rapports avec la presse en général.

En l'absence de toutes lois et règlements sur l'imprimerie, qui se trouvaient abrogés par les décrets de l'Assemblée

---

Paris prit à cette date un arrêté, et nomma des commissaires pour faire incarcérer sept journalistes royalistes , supprimer leurs feuilles, confisquer leur matériel, qui devait être distribué aux imprimeurs patriotes. Voyez *Procès-verbal de la commune de Paris* (*Archives de la préfecture de police*).

(1) *Almanach républicain* de l'an VII.

constituante, ce qui laissait régner une liberté absolue, Fouché, forcé cependant par le coup d'État du Directoire de suivre le mouvement répressif que ce gouvernement venait de donner, sut se ménager des intelligences dans tous les journaux épargnés par les directeurs. Ne pouvant les supprimer, il eut l'habilité d'y placer des hommes à lui, *compromis* dans les évolutions des partis, et que, par l'influence de sa position, il avait fait élargir des prisons où ils avaient été plongés, les uns, comme ci-devant nobles ou émigrés, les autres, comme patriotes ou jacobins. Tous, enchaînés à sa personne par la reconnaissance, souvent par la nécessité, lui servant de mobile pour influencer l'opinion publique, concoururent à le maintenir au pouvoir.

Le personnel de ce ministère influent présentait l'assemblage le plus bizarre par la réunion des personnes de conditions et de qualités si opposées, et d'opinions politiques encore plus divergentes. On ne saurait guère expliquer ce phénomène, sinon par la fascination que Fouché exerçait sur elles, les laissant souvent dans le doute de savoir si en s'attachant à sa fortune elles ne prenaient pas le meilleur moyen de servir utilement leur propre parti.

Dès son arrivée au pouvoir, Fouché avait fait apporter dans son ministère les archives des *comités de salut public et de sûreté générale,* ainsi que tous les papiers, lettres, et documents qui avaient été saisis pendant la période révolutionnaire dans les visites domiciliaires, matériaux bien précieux pour un homme d'une si haute intelligence, puisqu'ils mettaient dans ses mains le secret de l'État, et celui de nombreuses familles d'émigrés placés sous sa surveillance.

Dans l'intérêt de l'histoire, on doit à ce ministre la conservation de documents de la plus haute importance. Plusieurs ont été publiés, d'autres furent restitués aux parties intéressées, qui, d'humbles protégés à cette époque, devinrent plus tard pour Fouché des défenseurs prépondérants.

Tout en dirigeant les journaux d'une manière sourde et occulte, le ministre laissa l'exercice de l'imprimerie jouir d'une entière liberté. Il se plaisait même à favoriser la publication de brochures d'opinions très-opposées, dont il fournissait à ses agents les matériaux tirés des archives de son ministère ; c'était pour lui une pierre de touche avec laquelle il tâtait l'opinion publique et réglait sa politique, suivant la sensation que produisaient ces diverses publications. Par ce moyen habile, il prévoyait, avec une rare perspicacité, les événements qui se préparaient, ce qui le mit souvent à même de les prévenir ou de les favoriser.

(1799) Cet esprit de conduite, soutenu par une grande activité et non moins de sagacité, permit au ministre Fouché de seconder le général Bonaparte dans la journée du 18 brumaire. S'il en eût été autrement, pourrait-on penser qu'un homme aussi délié, aussi fin, et aussi pénétrant, n'eût pas fait saisir et arrêter les lettres de convocation, et les proclamations préparées dans la nuit du 17 par Lucien Bonaparte, chez l'imprimeur Baudouin (1), dont les ateliers étaient situés dans

---

(1) Dans la nuit du 17 au 18 brumaire, le château des Tuileries fut occupé militairement. Sur l'invitation de Lucien Bonaparte, mon père devait se rendre près de lui au conseil des Anciens, qui siégeait aux Tuileries ; lorsqu'il voulut sortir, sa maison était bloquée. Ses efforts échouent devant la consigne des grenadiers de la garde du Directoire ; il pense pouvoir parvenir par une petite porte de communication, qui permettait aux députés de venir à l'imprimerie corriger leurs épreuves sans faire un long détour. Je l'accompagnai dans ses recherches pour sortir. En dehors de la porte, était un factionnaire ; il fut inflexible à la prière de mon père ; celui-ci lui demanda de me laisser entrer. J'avais alors dix ans ; je passai entre les jambes du grenadier, j'allai droit à la salle du conseil des Anciens. Lorsque j'entrai, le général Bonaparte était *seul* assis à une petite table de bois noir. Son frère Lucien lui fit connaître l'objet de ma demande. Il me remit une demi-feuille de papier, qui était la proclamation qu'il venait de terminer, pour transférer

l'enceinte du palais des Tuileries, et qu'il ne se fût pas empressé de prévenir les membres du Directoire du changement politique qui se préparait.

Dès le lendemain de ce coup d'État, et dans l'intention de soutenir le nouveau gouvernement, Fouché proposa aux consuls la suppression d'un grand nombre de journaux, dont mieux que personne il connaissait les rédacteurs. Après cette nouvelle *razzia* pratiquée sur la presse périodique, il ne resta debout que *le Moniteur, la Gazette de France, le Journal de Paris, le Publiciste*, et *le Journal des débats* (1). (Décret du 27 nivôse an VIII — 1800.)

La presse ordinaire fut abandonnée à sa propre impulsion, son exercice resta dans l'état d'anarchie où il était tombé; mais elle fut forcée cependant d'être réservée dans son action, en présence des mesures énergiques du premier consul.

(1800) Pour seconder la surveillance du ministre de la police générale, peut-être même en vue de la contrôler, le premier consul remplaça le bureau central de Paris par un préfet de police, chargé de la mise à exécution des ordres du gouvernement.

Ce magistrat eut dans ses attributions la police politique, la police de sûreté, et la police administrative. La cinquième division de cette administration fut consacrée à la surveillance de l'imprimerie et de la librairie, à celle des journaux, pamphlets, chansons, peintures, gravures, images, enfin à celle des colporteurs, crieurs, et afficheurs.

---

le Corps législatif à Saint-Clond; il tira sa montre, et me dit : *Il faut que dans deux heures tout cela soit imprimé et distribué.* Ce qui fut dit fut exécuté. Ainsi, à dix ans, je fus le *messager* d'un grand événement. A. B.

- (1) Le *Journal des débats*, fondé en 1789 par l'imprimeur Baudouin, fut cédé, à cette époque, à MM. Bertin frères, dont le journal venait d'être supprimé.

La publication de l'*Annuaire républicain* lui fut confiée (1).

Cette situation précaire de la presse dura de 1800 à 1804. Pendant cette période, la répression fut toute administrative ; elle n'était limitée par aucun règlement. La volonté du chef du gouvernement, exécutée par son ministre, était suprême ; on n'eut à signaler aucun procès de presse.

On comprend qu'un pareil régime de surveillance, reposant entièrement sur l'habileté d'un ministre tel que Fouché, ne pouvait avoir une longue existence avec la politique tant soit peu ombrageuse du général Bonaparte, devenu *Consul à vie*, puis *Empereur*. Des conflits ne tardèrent pas à s'élever dans leurs rapports journaliers ; quoi qu'il en soit, le ministère de la police générale fut supprimé, et ses attributions réunies à celles du ministre de la justice, qui prit la dénomination de *grand-juge*. Une division de police supérieure fut conservée, et la préfecture de police reçut un grand accroissement d'autorité.

(1805) La création de l'Empire fit naître de nouvelles complications politiques. Le ministère de la police générale fut rétabli avec ses anciennes attributions ; M. le sénateur Fouché, créé duc d'Otrante, fut appelé pour la seconde fois à le diriger, mais avec l'assistance de quatre conseillers d'État. La surveillance de l'Empire fut divisée en quatre arrondissements, dont un confié au préfet de police.

Dans l'organisation de ce ministère, on remarque une division chargée de correspondre, pour les ouvrages soumis à l'examen, avec la *Commission sénatoriale* instituée par la constitution pour sauvegarder la *liberté de la presse*.

Cette commission n'a manifesté son existence par aucun

---

(1) *Almanach de la République* de l'an VIII. M. Dubois, premier préfet de police, le chansonnier-vaudevilliste de Piis fut nommé secrétaire général.

2

acte protecteur de l'émission de la pensée, elle fut pour ainsi dire nominale.

(1806-1807) Les journaux et les recueils périodiques furent soumis à un bureau de censure, ainsi que les pièces de théâtre.

Ce pouvoir discrétionnaire sur la presse, confié au duc d'Otrante, préoccupait vivement l'Empereur; il se sentait sous la dépendance de son ministre, et cherchait les moyens de s'y soustraire en réglementant l'imprimerie, comme on aurait pu faire d'un régiment.

(1808-1809) Plusieurs projets d'organisation furent soumis au conseil d'État, dans les années 1808 et 1809; aucun ne répondait à la pensée de Napoléon.

Fatigué par la discussion, l'Empereur fit appeler, par l'entremise du comte de Lavalette, M. Fiévée, écrivain distingué, qui entretenait avec lui une correspondance intime sur les hautes questions politiques; il le chargea d'examiner les trois projets soumis à la discussion du Conseil d'État, et au besoin d'en formuler un lui-même.

Fiévee, croyant agir dans les vues secrètes de l'Emperear, se livra à une critique amère des projets en instance, particuliérement de celui présenté par le duc d'Otrante; il repoussa avec énergie l'intervention de la police dans les nobles travaux de la pensée humaine; il proposa de placer l'imprimerie et la librairie sous l'autorité tutélaire du ministre de l'intérieur, seul capable de servir d'intermédiaire entre es gens de lettres et le souverain, et d'abandonner la surveillance des journaux au ministre de la police générale (1).

---

(1) *Correspondance de Fiévée avec l'Empereur,* n° 67, pag. 23, in-8°, t. III; 1836.

Ceplan fut accueilli avec faveur par l'Empereur ; il ordonna de suite l'impression du projet, et sa distribution au Conseil d'État pour être mis en délibération.

Ce fut chose nouvelle pour ce corps illustre d'être appelé à examiner l'ouvrage d'un *inconnu*, un projet de décret, sans qu'il eût été au préalable élaboré au sein de l'une de ses commissions.

(1810) Toutefois le duc d'Otrante, ministre de la police générale, fit présenter en son nom, par M. le comte Regnaud de Saint-Jean-d'Angély, président de la section de l'intérieur, des représentations très-énergiques sur le travail de M. Fiévée, que nous résumons ci-après.

«Le ministre s'élève d'abord contre la limitation des imprimeurs, qui va nécessiter la suppression d'un grand nombre d'ateliers ; il lui semble plus sage d'attendre, pour une mesure si violente, que la paix générale ait rouvert toutes les carrières de l'industrie. Il fait valoir que, si la surveillance de 60 imprimeries est plus facile que celle de 400, c'est un calcul sans application, car la surveillance sera plus dure et plus difficile sur les trois cents destitués, qui, pour lutter contre la misère, se livreront à des impressions clandestines. »

Le ministre combat ensuite l'importance qu'on va donner aux imprimeurs en les faisant considérer comme des officies publics, en leur délivrant des brevets, et les soumettant à la prestation d'un serment ; il regarde comme funeste la réunion des imprimeurs et libraires en une corporation, qu'il considère dans l'avenir comme une coalition des intérêts privés contre l'intérêt public.

Si la forme de la déclaration de l'imprimeur est nécessaire, la garantie de la propriété pour les auteurs lui paraît illusoire.

Lorsqu'une loi nécessaire met un frein à la licence de la presse, il est juste de garantir en même temps sa liberté légitime.

N'est-ce pas aller au delà des espérances des gens de lettres, en stipulant qu'après l'épreuve légale, un livre ne pourra être prohibé par le ministre de la police que sur les ordres du chef du gouvernement? Toutefois cette protection souveraine est bornée à ce cas extraordinaire, et l'auteur reste sans recours contre la prévention d'un censeur ou l'erreur d'un ministre, lorsqu'on lui refuse la permission de publier son ouvrage.

Dans les attributions de quel ministre, poursuit le duc d'Otrante, sera placée la librairie? «Les pièces dramatiques «qui émeuvent les hommes réunis, les journaux qui les at- «teignent rapidement, les livres qui les persuadent dans le «silence, sont inséparables et agissent sur les esprits par des «moyens analogues.

«L'imprimerie a succédé chez les peuples modernes au «pouvoir qu'avaient, parmi les anciens, l'éloquence et la force «corporelle. L'ordre public dépend également du bien et du «mal que peut faire l'imprimerie, soit par les principes qu'elle «fonde, soit par les passions qu'elle éveille, soit par les mou- «vements qu'elle développe. S'il est un pays au monde où la «direction des esprits doive occuper un ministère particulier, «c'est surtout dans la France, habitée par un peuple vif, «spirituel et inflammable.»

Le rapporteur du Conseil d'État ne prononce pas formelle- ment l'attribution de la librairie au ministre de la police gé- nérale, mais la force des choses l'y ramène dans tous les détails du projet. Celui-ci, en effet, lui emprunte tous ses agents, et ne propose des inspecteurs de la librairie qui d'une manière éventuelle. Ainsi donc, en employant les bras, il récuserait la tête, et ces membres déroutés de leur marche organique iraient correspondre au hasard à un centre étranger.

On convient ensuite, dans le nouveau projet, que le ministre de la police peut prohiber un livre, même approuvé ; il le faut bien, car, quels que fussent les règlements de la librairie, rien n'empêcherait le ministre de ce département d'arrêter un livre dangereux, comme rien ne l'empêcherait de lancer un mandat d'arrêt contre un séditieux. Or comment concevoir qu'on donne au ministre le droit de *réprimer*, qui lui est commun avec les tribunaux, et qu'on lui refuse celui de *prévenir*, qui est l'attribut exclusif et essentiel de son ministère ?

Ce serait, en effet, un vain simulacre qu'un ministre de la police, à l'insu duquel on pourrait tout imprimer en France, et tout introduire de l'étranger,

Et un personnage bien ridicule qu'un directeur de la librairie, séparé du ministère de la police.

Entre mille inconvénients, supposons qu'on imprime en France, ou qu'on demande à introduire de l'étranger, un écrit dont l'apparition serait combinée avec un complot contre le gouvernement. Le directeur de la librairie, à qui ces rapports secrets ne peuvent être connus, verra certainement une œuvre indifférente dans ce qui eût été pour le ministre de la police générale un indice lumineux.

Dans cette suspension de la librairie entre deux ministères, ce n'est pas celui qui en sera chargé qu'il faudra féliciter.

Une telle direction est bien épineuse, et ne marche, en général, qu'au travers des amours-propres irritables et des esprits impatients et difficiles. Pour de pareilles mesures, on ne doit consulter que l'intérêt public.

Le ministre terminé ainsi : «En général, on a trop en
«France le goût de refaire tout à neuf ; il semble, en vérité,
«qu'on ait toujours une terre vierge à défricher et un peuple
«sauvage à policer ; tandis que le plus souvent, comme dans
«l'affaire que nous traitons, il s'agit moins de créer de nou-
«veaux ressorts que de régler le mouvement de ceux qui
«existent. »

Napoléon soutint seul la discussion du nouveau projet,
et répondit en ces termes aux observations présentées au
nom du duc d'Otrante :

«Les réflexions qu'on vient de présenter, dit-il, renfer-
«ment plusieurs assertions inexactes et quelques principes
«erronés.

«Il y a ici deux choses : la surveillance qui appartient es-
«sentiellement à la police sur les ouvrages imprimés, comme
«sur tout le reste, et que personne ne lui dispute ; l'admi-
«nistration de l'imprimerie, qui est assurément mieux placée
«dans les attributions du ministère de l'intérieur que dans
«celles du ministre de la police. Le ministre de la police est
«un ministère d'exception, à la surveillance duquel rien ne
«doit être soustrait, mais qui, par cela même, ne doit rien
«diriger, car, s'il s'endort, qui le surveillera lui-même ?

«D'un autre côté, avec les principes énoncés dans l'écrit
«qu'on vient de lire, le ministère de la police, au lieu d'être
«un ministère d'exception, deviendrait un *ministère uni-
«versel,* s'il était vrai que son action dût s'étendre sur tout
«ce qui embrasse sa surveillance. Ce ministre absorberait
«tous les autres, et un simple commissaire de police serait
«au-dessus du préfet. Chaque ministre est l'organe du chef
«du gouvernement, dans l'étendue de ses attributions. Voilà
«les véritables principes ! Le ministre de la police aurait sur
«tout une puissance sans bornes, s'il disposait exclusivement

« de l'imprimerie, s'il lui était permis de former l'opinion.

« On objecte que la police n'est pas moins destinée à pré-
« venir le mal qu'à le réprimer ; qu'il faut donc lui en donner
« les moyens ; qu'elle n'en usera que d'une manière toute
« paternelle. Qu'elle prévienne le mal par voie de surveil-
« lance : elle le peut, elle le doit ; mais le principe qu'elle
« doit pouvoir aussi le prévenir par voie d'autorité conduit
« directement à l'arbitraire. Il faudrait, en effet, lui accor-
« der le droit d'entrer dans toutes les maisons, de fouiller
« dans l'intérieur de toutes les familles, d'arrêter tous ceux
« qu'elle jugerait à propos, par la crainte qu'ils ne se rendis-
« sent coupables : cette sollicitude paternelle ne serait au fond
« qu'un affreux despotisme. Le souverain doit gouverner
« d'après des règles fixes, et non d'après ses caprices ; il doit
« croire tous ses sujets gens de bien, tant qu'ils ne démentent
« pas cette présomption par leur conduite.

« Le ministère de la police n'est donc, de sa nature, qu'un
« ministère de pure surveillance ; et c'était afin que la police
« ne passât jamais ces limites, qu'autrefois on l'avait confiée
« non pas à un ministre, mais à des magistrats d'un ordre in-
« férieur, qui étaient subordonnés aux ministres, aux parle-
« ments, aux états. Il est impossible qu'aucune autorité soit
« tout ensemble surveillante et surveillée.

« Qui garantira les gens de lettres des vexations de la po-
« lice, si leurs plaintes ne peuvent parvenir que par elle ? Au
« contraire, si l'administration de l'imprimerie est dans les
« attributions du ministre de l'intérieur, et que la police ar-
« rête mal à propos un ouvrage, ce ministre viendra dire au
« chef du gouvernement que la prohibition n'est que le ré-
« sultat d'une intrigue, qu'on ne supprime le livre que parce
« qu'il déplaisait à des hommes en crédit ; que le censeur n'y
« avait rien trouvé de répréhensible.

« La police n'a déjà que trop d'attributions étrangères à
« son objet. Pourquoi lui donner l'éclairage, les approvision-
« nements, la statistique, et plusieurs autres choses qui, étant
« purement municipales, devraient appartenir au préfet
« d'administration ? A la vérité, le bureau central les a eues ;
« mais alors le régime municipal était fédératif.

« Enfin où irait ce pouvoir exorbitant du ministère de la
« police ?

« Il serait en entier dans ses bureaux. A la vérité, cet incon-
« vénient se rencontrera aussi plus ou moins dans le minis-
« tère de l'intérieur ; mais là il ne sera pas aussi grand, parce
« que le chef du gouvernement en sera averti par la police. »

Le projet de décret présenté par Fiévée fut adopté d'autorité, au grand mécontentement des membres du Conseil
d'État (1).

(1810) A la suite de cette discussion, le lieutenant général Savary, duc de Rovigo, l'un des aides de camp de l'Empereur, fut appelé au ministère de la police générale, en
remplacement du duc d'Otrante.

Le 5 février 1810, l'Empereur avait fait publier le décret
règlementaire sur l'imprimerie et la librairie, dans les termes généraux suivants :

1° La direction de l'imprimerie est placée dans les attributions du ministre de l'intérieur ;

2° Le nombre des imprimeurs est fixé par département,
et celui de Paris réduit à 80 ; ils sont brevetés et assermentés ;

3° Police de l'imprimerie :

a. Garantie de l'administration : déclaration préalable
avant l'impression ;

---

(1) *Procès-verbal* du Conseil d'État, séance du 13 janvier 1810.

b. Garantie des auteurs et imprimeurs : censure facultative ;

c. Mesures d'exécution : censure préventive réclamée par l'autorité ;

4° Les libraires : ils sont illimités ; ils sont brevetés et assermentés ;

5° Des livres imprimés à l'étranger : ils sont soumis au payement d'un droit d'entrée, et ne peuvent être introduits sans une permission du directeur général de l'imprimerie et de la librairie ;

6° De la propriété littéraire ; elle est garantie à l'auteur et à sa veuve, pendant leur vie , et à leurs enfants , pendant 20 ans.

7° Délits et contraventions :

a. Délits en matière de librairie ;

b. Du mode de constater les délits et contraventions.

8° Dispositions générales :

a. Dépôt de 4 exemplaires de chaque ouvrage ;

b. Règlement à établir pour les fondeurs, graveurs, et relieurs.

Ce décret, dont les principales dispositions sont extraites du réglement de 1723, laissa beaucoup de lacunes (1) dans l'organisation de cette branche d'industrie , entraînant avec elle une foule d'états secondaires, tels que la papeterie, la gravure, la fonderie, la reliure, etc.; tous ces états , en rapport direct avec l'imprimerie, présentent un ensemble d'intérêts impossible à diviser, constituant l'état complet de la fabrication.

---

(1) *Esquisse d'un projet de règlement* adressé à l'Empereur, rédigé d'après les lois anciennes et nouvelles, par F.-J. Baudouin, imprimeur de l'Institut national; in-4°, 1810.

Ce règlement n'en devint pas moins le *code de la presse*, sous le régime impérial.

Par ce décret, l'Empereur établit une direction générale de l'imprimerie et de la librairie placée sous l'autorité du ministre de l'intérieur (1). Il laissa néanmoins la surveillance, disons mieux, la direction des journaux, dans les attributions du ministre de la police générale, et finit un jour par en séquestrer la propriété (2).

Mesure fatale sous le double point de vue de la violation de la propriété, et du contre-coup terrible qu'elle peut produire dans l'un de ces moments suprêmes (comme en 1814) où la voix du peuple a besoin de s'unir à celle du souverain pour repousser l'invasion étrangère.

Si, comme nous venons de le dire, la direction de la librairie dépendait de l'autorité du ministre de l'intérieur, celui de la police n'en conservait pas moins dans ses attributions un pouvoir suprême sur la presse, à titre de sûreté générale, puisqu'il pouvait arrêter la circulation ou la publication de tout ouvrage censuré. Dans ce cas extrême, les imprimeurs étaient admis à réclamer le remboursement de leur fabrication.

Reconnaissons que, pendant toute la durée de l'Empire, cette hypothèse ne s'est présentée qu'une seule et unique

---

(1) Alors M. le comte de Montalivet, ministre.

M. le comte Portalis, aujourd'hui premier président de la Cour de cassation, fut nommé directeur général le 12 février 1810. Il occupa ce poste jusqu'au 4 janvier 1811. Il eut pour successeur M. le général baron de Pommereuil, ancien préfet, auteur estimé de plusieurs ouvrages scientifiques. Nommé le 11 janvier 1811, il exerça ces fonctions jusqu'au 30 mars 1814.

(2) *Décret impérial, du 17 septembre* 1811, *daté de Compiègne :* « Il ne fut pas inséré au *Moniteur,* mais reçut cependant son exécution. En 1814, le prince de Talleyrand, président du Gouvernement provisoire, en fit retirer l'original des archives de l'Empereur et le fit livrer aux flammes. » (*Bulletin du bibliophile,* janvier 1843, pag 170 à 175; in-8°.)

fois : ce fut à l'occasion du livre sur l'*Allemagne*, par Mme de Staël, dont l'édition fut enlevée au moment de la mise en vente, et détruite en totalité.

C'est ici le lieu de faire remarquer qu'en matière de productions de l'esprit, il peut arriver et il arrive souvent que, sans intention de la part de l'auteur ou de son éditeur, l'opinion publique s'impressionne par le seul fait d'une publication ou de l'exhibition d'une œuvre, et la rend, par allusion, un objet de curiosité qui dégénère peu à peu en esprit d'opposition.

Napoléon allait encore plus loin que nous : «Il peut se «faire, disait-il, qu'un écrivain qui voit mal compose un livre dangereux sans avoir d'intention criminelle, et alors il n'est pas punissable; mais son livre doit être supprimé» (1).

Dans cette circonstance, est-il juste de rechercher l'auteur ou l'éditeur qui ont agi de bonne foi? Cependant combien de fois, dans les procès de presse ou de gravures, n'avons-nous pas vu des hommes ruinés, emprisonnés, subir la peine d'un délit commis par le public.

Nous allons rapporter plusieurs faits anecdotiques.

Allusion produite par une chanson.

Béranger, dont nous citons le nom sans épithète, comme on parlerait d'Horace ou de Tibulle, était membre de la société du *Caveau*, renommée sous le Consulat par ses dîners et ses joyeux refrains.

Cette réunion lyrique se composait de tout ce que Paris

---

(1) Procès-verbal du Conseil d'État, août 1808.

renfermait de chansonniers, vaudevillistes, et d'amis de la franche gaieté : c'étaient Désaugiers, Armand Gouffé, Severin, Oury, Brazier, Piis, Barré, et bien d'autres.

Chaque convive devait payer un tribut mensuel en chansons ; le recueil formait un annuaire, dont la vente constituait le budget des recettes de la Société.

Béranger acquitte une fois sa dette par le *Roi d'Yvetot*, si *connu dans l'histoire.* Ce monarque, introduit dans la république joyeuse, est reçu, acclamé avec enthousiasme, au bruit du cliquetis des verres, et porté en triomphe !

Du Caveau moderne aux réunions bachiques de la Courtille et autres lieux circonvoisins, il n'y avait d'autres différence que du *champagne* au petit *bleu ;* la gaieté y siégeait de même : aussi le *Roi d'Yvetot* y fut-il accueilli avec transports et fêté avec ivresse ; son apparition y fit une sensation si profonde, que sa renommée s'étendit jusqu'aux nobles salons du faubourg Saint-Germain ; peut-être y fut-il porté par l'un de ces grands seigneurs qui aimaient parfois à se délasser incognito aux *Délices de Bacchus*, célèbre cabaret de l'époque. Quoi qu'il en soit, voilà le *Roi d'Yvetot* reconnu, admis, chanté, prôné, et recommandé en hauts lieux ; il semblait aux bonnes et nobles duchesses que la Providence venait de faire naître, tout exprès pour elles, un troubadour, comme on n'en trouve guère, pour célébrer les exploits de leurs preux chevaliers. Quelle bonne fortune pour elles de pouvoir, sous le Consulat, chanter la royauté dans la personne du roi d'Yvetot, et de mêler leurs voix aristocratiques aux chants populaires !

Hélas ! trois fois hélas ! la police sévère de Fouché surveillait aussi bien les salons que les cabarets ; la coïncidence des mêmes chants, répétés dans des lieux si éloignés, excite son ombrage ; elle va au plus simple, elle défend la chanson. Voilà le roi d'*Yvetot* proscrit comme les autres : c'était une raison de plus pour qu'on l'aimât davantage ; mais qu'importe ! Quant au pauvre auteur..., remercié d'un modeste emploi qu'il occupait dans une administration publique , il fut puni parce que de grandes dames avaient eu la fantaisie de le chanter. Que serait-il devenu , grand Dieu ! sans la générosité de Lucien Bonaparte, qui lui délégua son traitement de membre de l'Institut pour lui faire attendre des jours meilleurs.

Manifestation de l'esprit public produite par un recueil de poésies.

Béranger, qui, pendant tout le temps de l'Empire, avait sommeillé dans les bras de sa *Lisette,* se réveille soudain, à la douleur publique que fait éclater le désastre de Waterloo. Dès que le canon d'Austerlitz ne peut plus résonner, il chante la gloire de nos soldats ; au nom de la patrie, il ranime le courage malheureux. Si des mains aristocratiques renversent la statue de Napoléon , par un chant devenu populaire , il perpétue la mémoire de l'Empereur au sein des plus humbles chaumières ; il stigmatise la sainte alliance, sur le terrain qu'elle a envahi à l'aide de la trahison , mais qu'elle n'a pas conquis.

Ces chants patriotiques consolent la France, la raniment, lui font espérer. L'opinion s'en émeut, elle s'enflamme ; d'un bout de la France à l'autre, on se réunit pour chanter en chœur les hymnes nationales. A défaut d'imprimés, on en fait des copies à la main, et, mieux encore, la mémoire les transmet par la tradition à ceux qui, ne pouvant les lire, n'en ont pas moins une oreille pour entendre, un cœur pour sentir. C'est enfin un enthousiasme général, heureux précurseur d'un avenir meilleur.

Béranger n'est plus un chansonnier : c'est la voix du peuple qui s'est révélée en lui. Par reconnaissance, elle le proclame à son tour son consolateur, son ami, son poëte national.

Une pareille agitation met la cour en émoi ; les salons aristocratiques murmurent, on croit à une vaste conspiration... ; c'est tout simplement un retour de mémoire qui absorbait le présent au profit de l'avenir.

Thémis s'empare du poëte ; le juge le condamne à la prison, et en fait rechercher les œuvres avec plus d'empressement.

Il manquait à Béranger une couronne..., la justice lui en décerne une enlacée d'épines... ; le souffle du peuple la métamorphose en lauriers.

L'opinion publique s'agite, à la vue d'un portrait d'enfant.

Un écrivain distingué, M. Latouche, l'un des rédacteurs du journal *l'Indépendant* (1), rend compte un jour d'une exposition de peintures ; sa vue s'arrête sur le portrait d'un jeune enfant tenant à la main un bouquet de *fleurs bleues ;* son imagination de poëte l'emporte, il en fait une description animée. Le lendemain, la foule se porte pour contempler

---

(1) Ce journal fut fondé en 1815 par le parti *patriote impérial.* Il fut contraint, sous la Restauration, à changer plusieurs fois de titres par les exigences de la censure. Il reçut les confidences et les articles des hommes les plus influents de l'opposition, et continua ses publications sous le titre du *Constitutionnel.*

Fondateurs : MM. Jay, Étienne, Tissot, E. Dumoulin, Fain, Saint-Albin, A. Bailleul, Charles Bailleul, Gémond, Alex. Baudouin.

ce portrait : on s'interroge, on se demande quels traits il représente, ce que signifient les fleurs bleues. Un spectateur explique qu'en allemand ces fleurs veulent dire *ne m'oubliez pas!* Ce mot suffit pour personnifier le portrait : C'est le *roi de Rome!* s'écrie-t-on de tous côtés. Le monde s'agite, la police fait évacuer le salon, et le lendemain le journal *l'Indépendant* est *supprimé.*

Vérification faite, ce portrait était celui du fils d'un conseiller d'ambassade de la cour de Bavière. Voilà donc un journal anéanti par l'effet d'une allusion qui n'était pas dans la pensée de l'écrivain, et dont le public était le seul coupable.

Disons que quelques jours après, sur les vives instances de M. le comte de Boisgelin, une nouvelle autorisation fut accordée aux propriétaires, et le journal, baptisé par son protecteur, s'appela *le Constitutionnel,* titre qu'il porte encore aujourd'hui.

L'opportunité d'une publication est toujours en raison de l'esprit qui règne dans la société. L'étudier, la pressentir, avant de chercher à l'émouvoir, c'est déjà le fait d'une haute intelligence. N'oublions pas que lorsque cet esprit bouillonne, s'il ne rencontre pas d'interprète, il se fait jour lui-même, il se révèle, et se manifeste dans les choses les plus simples. S'il est vrai, comme l'a exprimé un écrivain distingué, « que « c'est avec les petits matériaux qu'on construit les grandes « choses », il est juste d'ajouter que c'est par les plus légers symptômes de l'opinion que l'homme d'État peut prévoir les plus grands événements.

On a beaucoup parlé d'un bureau de l'esprit public, institué au ministère de la police générale, pour diriger l'opinion publique.

Diriger l'opinion..., c'est un problème insoluble..., mieux

encore, c'est un rêve. On peut bien la faire naître, la rallier, l'assoupir un moment, la comprimer même passagèrement par l'intimidation; mais chercher à l'annihiler ou à la diriger, prétention illusoire que l'histoire de toutes les époques dément! C'est déjà une preuve d'habileté que de suivre l'opinion publique dans ses oscillations ou transformations; la combattre à outrance, c'est la généraliser, lui révéler sa puissance. Le plus haut degré de talent pour les gouvernants, c'est de s'en emparer lorsqu'elle est flottante, afin de la faire refléter dans leurs actes, et de passer ainsi aux yeux de la postérité pour de grands génies, lorsqu'ils ne sont en réalité que d'habiles observateurs.

Il y avait au ministère de la police une commission d'écrivains distingués, chargés de la rédaction des journaux, dont la mission consistait à commenter les actes et la politique de l'Empereur, à préconiser ses victoires, déjà burinées dans les bulletins de la grande Armée, et, dans les moments de calme, à instruire, à distraire, à amuser, si l'on veut, l'esprit public.

Ces mêmes écrivains, obéissant alors à l'*enchantement* (1) universel, sans être courbés sous la servitude, devinrent, sous le régime parlementaire, les défenseurs les plus éloquents et les plus zélés de la liberté (2).

Par l'institution d'une véritable direction de l'imprimerie, indépendante dans son action, quoique soumise à l'autorité du ministère de l'intérieur, l'Empereur avait principalement

---

(1) Ce mot est d'Armand Carrel, compte rendu des *Mémoires de Bourienne:* «Le 18 brumaire, dit-il, avait vu commencer non la servitude, mais l'enchantement de tous les esprits» (*National* du 10 février 1830).

(2) MM. Étienne, Esmenard, Lemontey, Jay, Tissot, Arnault, Michaud, Jouy, Lacretelle (devenus tous membres de l'Académie française), Sauvo, Barrère de Vieuzac, de Montlosier, Fabien Pillet, Merle, Lefebvre, Ourry, de Lancy, Dussault, Beuchot, Martinville, Maltebrun, baron Trouvé.

en vue d'encourager les sciences , les lettres et les arts , de fortifier les principes moraux et religieux des peuples , tout en les garantissant , suivant lui , de l'idéologie et des faux systèmes qu'elle engendre , en opposition au principe d'autorité , base de son gouvernement.

Par la surveillance suprême qu'exerçait son ministre de la police sur les journaux , sur la circulation des écrits , et sur les pièces de théâtre , il entendait attirer l'opinion publique à lui , en l'associant à ses travaux , de même qu'il s'identifiait le peuple par ses victoires.

Cette politique prépondérante évitait jusqu'à la possibilité des procès de presse , mesure extrême , qui , quel que soit son résultat , laisse une trace défavorable dans la population , laquelle s'impressionne à son tour, apprécie les arrêts et ne les ratifie pas toujours.

La pensée visible de l'Empereur était de prévenir les délits , plus encore que de les réprimer ; c'est ce qu'explique parfaitement l'organisation de sa direction générale d'imprimerie , placée sous l'autorité de deux ministères , pouvant utilement répondre à ses vues sans avoir à redouter de conflits entre eux.

Pour atteindre ce but , il fallait nécessairement que le personnel des deux ministères affecté à la surveillance de la presse fut complexe, et qu'il répondît, par sa capacité, au besoin d'un service si important et si délicat dans ses moyens d'exécution ; c'est ce qu'il est facile d'apprécier d'après l'extrait ci-dessous , tiré de l'Almanach impérial de 1811.

POLICE

DE L'IMPRIMERIE, DE LA LIBRAIRIE, DE LA PRESSE ET DES THÉATRES, SOUS L'EMPIRE.

Ministère de la Police générale.

M. le général duc DE ROVIGO.

—

(1811) ATTRIBUTIONS.

La haute police de l'État, etc.; la direction des journaux, pièces de théâtres; la surveillance de l'imprimerie et de la librairie.

Bureau de l'esprit public.

Une division (la 3e), dénommée : Imprimerie, librairie, théâtres, journaux, esprit public.
Chef de division, M. ÉTIENNE.

Commission d'examen des pièces de théâtres.

MM. LEMONTEY, membre de l'Institut;
LACRETELLE jeune, *id.*;
D'AVRIGNY, auteur tragiq.

Rédacteurs en chef des journaux.

Moniteur universel, M. SAUVO.
Journal des débats, M. ÉTIENNE.
Journal de Paris, M. JAY.
Gazette de France, M. TISSOT.

Ministère de l'Intérieur.

M. le comte DE MONTALIVET.

—

(1811) ATTRIBUTIONS.

L'administration centrale, etc., les sociétés savantes et littéraires, les cercles, et les salons de lecture.

Direction générale de l'imprimerie, de la librairie, et des professions qui en dépendent.

L'introduction des livres provenant de l'étranger, la délivrance des brevets, l'autorisation et surveillance des journaux de départements, et des feuilles d'annonces, ainsi que des prix courants de marchandises.

M. le baron DE POMMEREUIL, directeur.

4 auditeurs au conseil d'État, placés sous ses ordres.
1 secrétaire général.
1er bureau : Garantie de la propriété.
2e   *id.*   Administration, règlement.
3e   *id.*   Comptabilité.
4e   *id.*   Enregistrement.

Ministère de la Police générale.
(Suite.)

Préfecture de police.

Une division spéciale, dénommée : Surveillance de l'imprimerie et de la librairie.

Elle correspond avec la division analogue au ministère de la police générale. Elle autorise et surveille, en outre, les afficheurs, colporteurs, distributeurs, les ateliers, et les sociétés de secours entre les ouvriers ; elle autorise et surveille les écrits et chansons populaires.

Ministère de l'Intérieur.
(Suite.)

Commission de censure,
9 membres :

MM. Pellenc,
l'abbé Desrenaudes,
Dampmartin,
Salgues,
Arthaud,
l'abbé Tabarau,
Vanderburg,
De Manne,
Legraverend.

6 inspecteurs à Paris pour constater les *contraventions.*

1 inspecteur par département.

1 commissaire spécial pour constater les *délits.*

1 journal officiel de l'imprime- et de la librairie, pour mentionner les livres autorisés, avec les prix indicateurs.

Rédacteur en chef, M. Beuchot.

1 annuaire de l'imprimerie et de la librairie et de toutes les professions qui en dépendent, pour constater le *personnel* de cette branche d'industrie ; la nomenclature des journaux de Paris et des départements.

Dépôts des gravures, estampes, lithographies, œuvres musicales.

Bibliothèque et archives.

INSTRUCTIONS SECRÈTES

pour l'exécution des décrets sur la police de la presse

INFLUENCE, SURVEILLANCE, RÉPRESSION,
résultant des attributions des deux ministères.

§ Ier. -- *Influence.*

— Direction donnée aux rédacteurs en chef des journaux par le ministre de la police générale.

— Même direction donnée aux journaux des départements par le ministère de l'intérieur.

— Rédaction du *Moniteur officiel*, confiée au ministre secrétaire d'État ; articles fournis par le cabinet particulier de l'Empereur (1).

— Traduction des journaux étrangers ; réponses par le *Moniteur* fournies par le ministre des affaires étrangères, le secrétaire d'État, ou le cabinet, suivant l'importance du document publié à l'étranger.

—Publications d'écrits ou de documents ordonnées par le gouvernement, sous la forme officielle ou officieuse.

— Encouragements aux hommes de lettres, pour faciliter la publication de leurs travaux.

— Positions à donner à certains écrivains dans les administrations publiques, afin d'assurer leur existence et d'éteindre leur polémique.

— Secours aux familles des littérateurs, journalistes, ou artistes tombés dans la gêne par la mort de leurs chefs.

---

(1) On trouve dans le *Moniteur* des notes dictées par l'Empereur, sur les discussions élevées au sein du parlement anglais. En général, la réfutation des articles des journaux anglais était faite par Barrère de Vieuzac, ancien membre de la Convention nationale ; son travail était rétribué par la caisse du domaine privé de l'Empereur.

— Récompenses honorifiques aux hommes de lettres et artistes.

§ II. — *Surveillance.*

Rapports journaliers sur :

— La tenue des séances des sociétés savantes , littéraires , commerciales , industrielles et bachiques.

— Prédications dans les temples consacrés aux cultes.

— Cours publics d'enseignement.

— Bourse , halles et marchés.

— Théâtres , spectacles , curiosités. Signaler les allusions que les pièces peuvent produire , et le nombre plus ou moins grand des spectateurs. Suspension des représentations ou interdictions.

—Palais. Audiences des tribunaux ; causes célèbres ; l'impression publique sur le résultat.

— Conversations de salons , réunions publiques ou privées , fêtes et cérémonies.

— Expositions ; leur influence sur l'esprit public.

— Fréquentations des bibliothèques ou cabinets littéraires.

— Effets produits par les publications ou les œuvres d'imagination.

— Promenades publiques.

— Arrivée , séjour , et départ des étrangers ; leurs relations dans le monde.

— Les journaux , leur personnel , le nombre d'abonnés , leur influence journalière , ou l'effet produit par un article ou par la publication d'un document de politique extérieure. Le compte rendu des ouvrages littéraires , scientifiques, ou d'enseignement.

— Circulation des livres à Paris , en province , ou à l'étranger.

— Contrôle du personnel de toutes les professions dépendantes de l'imprimerie et de la librairie.

— Le nombre d'ouvriers occupés mensuellement ; leurs sociétés de secours.

— Fabrication des ustensiles d'imprimerie , dessins , gravures , musiques.

— Ventes publiques des bibliothèques , leurs catalogues ; saisies des ouvrages prohibés ou appartenant aux établissements publics.

— Bouquinistes, vendeurs de livres sur la voie publique, colporteurs, crieurs des rues.

— Chansons populaires , et écrits répandus sur la voie publique par l'autorité locale.

§ III. — *Répression.*

La presse étant réglementée dans son état matériel , et la censure établie sur la pensée, la répression ne pouvait s'exercer que sur l'inobservation des articles du règlement.

Le décret du 5 février 1810 imposait des obligations à remplir et des pénalités en cas d'infraction. Dès lors beaucoup de contraventions, peu de délits , pas de crimes.

La surveillance était bienveillante et presque toujours administrative.

Elle se bornait aux points suivants : conseils aux auteurs ; — avis officieux aux fabricants ou débitants ; — appel à la direction pour se mettre en règle ; — visites des inspecteurs ordinaires ; — constatations des contraventions par voie administrative ; — procès-verbaux judiciaires en cas de *délit.* — Intervention suprême du ministre de la police générale dans les publications qui pouvaient troubler la tranquillité publique et constituer un crime (1).

L'administration du baron de Pommereuil était si active, si prévoyante, et s'exerçait en même temps avec une justice si parfaite, que sous sa direction cette dernière hypothèse ne s'est jamais présentée.

Dans les nombreux ouvrages publiés sur le gouvernement impérial, on a reproché à Napoléon d'avoir comprimé l'opinion publique par les entraves dont il avait environné la presse.

Il faut faire une distinction à ce sujet. La presse n'est pas l'opinion publique, mais simplement son *expression vraie ou fausse*. Elle est elle-même soumise à bien des vicissitudes, tantôt recherchée, tantôt abandonnée ; on peut aller jusqu'à dire que dans certaines circonstances elle n'est pas toujours la véritable représentation de la pensée générale.

L'Empereur n'a pas comprimé l'opinion publique, puisque cette opinion l'a suivi et soutenu, qu'elle s'est identifiée avec lui pendant quinze ans. La meilleure preuve qu'on puisse en donner, c'est qu'au dire même des écrivains royalistes les plus considérables (2), elle s'est retirée de lui en 1814, et qu'il a succombé !

En 1815, cette même opinion a reparu plus vive que jamais, et l'a ramené triomphant à Paris.

Est-ce qu'à ce retour mémorable de l'île d'Elbe la presse royaliste n'avait pas des organes nombreux et répandus ? Peut-on dire alors avec vérité que les journaux de cette époque, principalement *les Débats, la Quotidienne, le Journal de Paris,* et en somme, toutes les feuilles publiques,

---

(1) Documents inédits tirés des archives du ministère de la police générale, et de la division de l'imprimerie et de la librairie, sous l'Empire.

(2) *Buonaparte et les Bourbons,* par le vicomte de Châteaubriand; in-8°, Lenormand, 1814.

fussent l'expression *vraie* de l'opinion, puisqu'elle se manifestait dans un sens tout opposé à leurs principes politiques et à leur propagande ?

Le caractère distinctif de l'opinion de 1815 se dessine dans ces simples nouvelles insérées au journal officiel du gouvernement royal, et successivement répétées par les autres organes de la presse :

1. Buonaparte est débarqué au golfe de Juan.

2. Grenoble a ouvert ses portes au général Bonaparte.

3. Napoléon a fait son entrée à Lyon.

4. S. M. l'Empereur est descendue au palais des Tuileries. (*Moniteur* du mois de mars 1815.)

Nous nous hâtons de reconnaître que, pendant tout son règne, l'Empereur a usé de sa puissance pour anéantir la *presse politique*, comme contraire à l'existence de son gouvernement. Mais, à l'encontre, on nous accordera bien, maintenant que l'histoire a parlé, que, quant à toutes les autres branches des connaissances humaines, Napoléon s'est appliqué avec un soin particulier à les développer et à les faire prospérer.

Ce serait un travail de longue haleine que de rechercher les noms de tous les savants, historiens, poëtes, hommes de lettres, artistes, manufacturiers, commerçants, et industriels, que l'Empereur a encouragés, dotés, pensionnés et décorés ; comme d'énumérer toutes les circonstances où l'intérêt particulier qu'il portait aux sciences et aux lettres s'est montré quand il traçait de sa main hardie, au milieu des camps, à la lueur des feux de bivouac, les plans d'ouvrages historiques qu'il voulait faire exécuter (1), et quand il se li-

____

(1) La continuation de l'*Histoire de France* par Velly, sous la direction de l'abbé Halma, bibliothécaire de l'impératrice Joséphine (*Spectat. militaire,* t. XXXII, in-8° ; 1842).

vrait à la composition de bibliothèques soit pour son propre usage (1), soit pour l'utilité publique, ou bien encore pour l'instruction des membres de sa famille (2 et 3), ne passant pas un jour sans se faire rendre compte des livres nouveaux qui apparaissaient dans le monde; exigeant, pendant ses voyages, qu'ils lui fussent expédiés régulièrement par chaque courrier (4). En un mot, il voulait tout voir par lui-même, tout juger et tout apprécier, afin d'être à même d'encourager ou de réprimer, présent ou absent.

La fabrication des livres fut très-active sous l'Empire.

La *rétablissement* du culte a nécessité la réimpression des livres de lithurgie, et par suite celle des ouvrages élémentaires des écoles chrétiennes, détruits pendant la Révolution.

La création de l'*Université* offrit un aliment considérable à l'impression des anciens auteurs, et aux livres de méthode pour leur enseignement.

La *publication du Code civil*, son application dans toute l'étendue du territoire, de Rome à Hambourg, firent surgir un nombre considérable de traités destinés à en faciliter l'étude.

L'*art militaire*, qui, sous la République, consistait plutôt à vaincre ou à mourir, sans tactique raisonnée, se perfectionna par l'étude des sciences exactes dans les différentes écoles d'application.

Pendant ce mouvement, les découvertes des savants, en astronomie, en physique, en chimie, en économie politi-

---

(1) 1798. Bibliothèque de camp.
(2) 1806. Bibliothèque des jeunes princes, à l'institut impérial de Meudon.
(3) 1808. Bibliothèque de caïñpagne.
(4) 1809. Bibliothèque de voyage.

que, faisaient progresser notre industrie manufacturière, à l'aide de méthodes nouvelles, enseignées dans les cours publics, reproduits avec empressement par la presse.

Par ce simple exposé, on peut juger cet esprit supérieur et la main puissante qui dirigeait et imprimait son impulsion au développement de ce vaste ensemble de connaissances.

L'art typographique ne fit cependant pas de grands progrès sous le régime impérial ; il fut en général très-médiocre dans ses moyens d'exécution.

Une seule famille, celle de MM. Didot, avait conservé l'amour du beau et du bon.

Pierre Didot, du Louvre, comme on l'appelait alors, reproduisait, dans le silence et l'isolement, ces éditions de nos classiques français qui sont recherchées, comme celles des Elzevirs, avec cette élégance, cette pureté de correction, qui rendent à la copie la valeur de l'original.

Firmin Didot, son frère, non moins célèbre dans les annales de l'imprimerie, littérateur distingué, en même temps que graveur célèbre, s'occupa de perfectionner les caractères dont il fit un noble emploi dans la fabrication ; mais le service éminent qu'il rendit à l'art typographique, ce fut de livrer au commerce ses propres types, et par cette généreuse concession, qui détruisit la spécialité de ses ateliers, il produisit une amélioration sensible dans l'imprimerie en général, et par suite, dans la fabrication de toute l'Europe.

A ces noms vénérés, nous en ajouterons un petit nombre qui méritent une mention particulière pour leurs travaux.

Crapelet, dont les éditions correctes tiennent le juste milieu entre les ouvrages de luxe et ceux ordinaires, et se font rechercher et placer dans les bibliothèques.

Herhan, inventeur de la stéréotypie, qui donna naissance au polytypage, et plus tard au clichage, dont l'application peut apporter un jour un grand changement dans la fabrication des livres.

Éberhart, savant imprimeur du Collége de France, connu pour ses impressions en langues étrangères.

Michaud, imprimeur des œuvres de l'abbé Delille, et éditeur de la *Biographie universelle*, ouvrage d'une haute conception, d'une rédaction remarquable, et qui tient le premier rang dans toutes les bibliothèques.

Catineau-Delaroche, imprimeur et fondateur d'une école modèle d'apprentis typographes à Montrouge.

Lenormand, imprimeur, éditeur des *Dictionnaires latin et grec* de Noël, et des œuvres de Chateaubriand.

F.-J. Baudouin, ancien député suppléant à l'Assemblée constituante, successivement imprimeur des États généraux, des Assemblées nationales, du Corps législatif, et de l'Institut national.

La prodigieuse activité de ce typographe lui permit de diriger et de mettre à la disposition du gouvernement 100 presses roulantes, qui, au dire d'un député de la Convention, représentaient l'artillerie de la pensée au milieu des guerres de la Révolution (1).

La célérité du service dans ces travaux extraordinaires l'emportait sur l'exécution, sans parler du péril journalier qui environna la personne de cet imprimeur, depuis la séance du Jeu de Paume jusqu'au 18 brumaire an VIII, où il seconda de tous ses moyens les plans du général Bonaparte.

Comme imprimeur de l'Institut, on doit à J.-F. Baudouin les Mémoires de cette compagnie, qui présentent de nombreuses difficultés typographiques ; la *Méridienne*, par Delambre et Méchain ; les *Connaissances chimiques*, par Four-

---

(1) *Moniteur* de 1793, séances de la Convention nationale.

croy, et la première *Grammaire arabe et française*, de Herbin ; tous ouvrages qui exigeaient des connaissances spéciales dans les langues mortes et vivantes.

Parmi les libraires fabricants, nous mentionnerons le savant bibliophile *Brunet*, auteur du *Manuel de librairie*, placé dans les bibliothèques publiques des deux mondes.

A.-A. Renouard, éditeur des *Annales de l'imprimerie* des ALDE, célèbres imprimeurs italiens, et des *Annales de l'imprimerie* des ESTIENNE, l'honneur de la typographie française.

Bibliophile distingué, *A.-A. Renouard* a attaché son nom à des ouvrages dont la correction et l'exécution sont remarquables. La librairie lui doit d'avoir sollicité, avec une louable persévérance, l'affranchissement des prospectus des droits de timbre, et procuré, par ce moyen, une extension considérable au commerce des livres.

Garnery, éditeur du *Répertoire de jurisprudence* de Merlin, et autres ouvrages importants de droit public moderne.

Déterville, éditeur du premier dictionnaire d'histoire naturelle.

Courcier, pour les livres de mathématiques.

Maradan, pour les romans de la haute société, ceux de Mme de Genlis et Mme de Souza.

Barba, pour les romans populaires de Pigault-Lebrun, et les pièces de théâtre.

Magimel, pour les livres militaires.

Huzard (Mme), pour les ouvrages d'agriculture.

Méquignon-Marvis et *Crochard*, pour les livres de médecine.

Lefèvre, pour ses éditions classiques. Il promettait alors ce qu'il a tenu depuis, de devenir un jour le premier libraire fabricant de France, tant pour ses recherches historiques, annotations aux œuvres des grands écrivains, que pour la correction et le luxe de ses éditions.

Nous ne terminerons pas cette revue sans mentionner les encouragements donnés par l'Empereur à la *lithographie*, cette découverte importée en France par Senefelder, développée par Engelmann; elle fut patronée par M. le comte de Lasteyrie, qui sollicita et obtint du gouvernement des fonds, pour en faciliter en France l'étude et la propagation.

Pendant la fatale année de 1814, la presse, malgré le cercle étroit où elle était renfermée, ne fit aucun mouvement hostile contre l'Empereur. L'administration impériale était si fortement organisée, qu'elle justifiait le principe que c'est la force du gouvernement, et non la censure, qui arrête la propagation des écrits.

Cependant le langage des journaux du gouvernement avait totalement changé : si, jusqu'à cette époque, le dévouement à l'Empereur était identifié à celui dû à la patrie, les écrivains commençaient à s'émanciper en parlant à cœur ouvert de l'indépendance nationale, menacée par la coalition étrangère; ils faisaient en même temps un appel général au patriotisme des populations.

L'armée resta inébranlable dans sa fidélité; les paysans de l'Alsace, de la Franche-Comté, de la Champagne, plus rapprochés du théâtre de la guerre et en subissant les horreurs, se levèrent en masse pour repousser l'invasion; les villes de l'intérieur restèrent au contraire, pour la plupart, muettes et silencieuses, ou mieux que cela, anéanties...

A l'encontre de cette situation des esprits en France, les princes alliés soulevaient leurs peuples aux cris de *liberté* et *d'indépendance*, et leur prodiguaient des promesses de constitutions à leurs prochain retour.

Au fur et à mesure de leur envahissement, les alliés utilisaient les presses qu'ils rencontraient dans nos villes à réimprimer leurs proclamations, et les faisaient jeter à nos avant-postes, qui les leurr envoyaient en bourres de fusil.

Jusqu'à la rupture des conférences du congrès de Châtillon, où Napoléon refusa de signer le démembrement du territoire et la perte des conquêtes de la République, l'opinion resta calme et sans expression ostensible.

Mais, dès que les agents du comte d'Artois, appuyés de sa présence sur les derrières de l'armée ennemie, eurent pénétré au quartier général de la Sainte-Alliance, les partis s'agitèrent ; le Sénat venait de déclarer la déchéance de l'Empereur, lui-même avait abdiqué.

M. de Talleyrand avait dirigé secrètement vers les souverains le duc d'Alberg, pour proposer au congrès de confier la couronne au chef de la famille d'Orléans ; de son côté, l'impératrice Joséphine sollicitait avec succès la conservation de la couronne d'Italie à son digne fils, le prince Eugène Napoléon..., lorsqu'elle fut enlevée à ce monde, où elle avait brillé non-seulement par l'éclat de son rang, mais par les charmes de sa personne, les grâces de son esprit et l'excellence de son cœur.

L'Angleterre saisit cette circonstance pour faire admettre et reconnaître la puissante maison de Bourbon.

Ce fut alors au tour des partisans de la branche aînée à faire naître une opinion publique, qui fût capable de rappeler au souvenir de la génération des titres qu'elle ignorait, et d'accueillir des personnages dont les noms mêmes lui étaient inconnus.

Lorsque la décision du congrès lui parvint à Paris, M. de Talleyrand, nommé président du gouvernement provisoire, et qui avait entamé des négociations en faveur de

la branche cadette , se trouva aux prises avec lui-même.
Dans une situation aussi précaire', il jugea , avec son habileté ordinaire, que la *liberté de la presse* était le seul moyen
capable de le sauver, dans le nouveau revirement politique
qu'il était obligé de subir ; en conséquence, il fit enlever et
brûler le décret impérial du 17 septembre 1811, qui séques-
trait la propriété des journaux (1) ; en leur rendant la liberté
absolue, il donnait pour le moment une force irrésistible
aux royalistes , qui se trouvaient alors sans contradicteurs ;
dans une pareille circonstance , la politique des vaincus a
toujours été de courber la tête, pour la relever un jour avec
plus de fierté.

La nouvelle situation politique inspira au prince de Talleyrand trois mots historiques, qui servirent de texte à toutes
les proclamations du lieutenant général du royaume , M. le
comte d'Artois :

Il n'y a qu'un Français de plus.

Ce qui voulait dire que rien ne serait changé, que tout le
monde resterait dans tous les droits acquis sous l'Empire.

Voilà pour la population intelligente.

Pour le peuple , dont on voulait bien se souvenir :

Plus de conscription , plus de droits réunis.

En un mot, plus d'impôts.

Toutes promesses illusoires !

Le Sénat fut transformé en pairie ;

La loi sur le recrutement fut établie ;

Les droits réunis furent remplacés par les impositions
indirectes.

La nation dut payer deux rançons :

____

(1) *Bulletin du bibliophile,* janvier 1843 ; Paris.

L'une aux puissances alliées,

L'autre aux familles des émigrés.

Toutefois la promesse d'une charte constitutionnelle, qui devait, dans son application, détruire l'arbitraire, et servir de barrière aux prétentions des émigrés, calma les esprits, et fut regardée comme une œuvre de salut, un point de ralliement pour le grand parti qui, après avoir vécu sous l'inspiration de la gloire, trouvait un point de refuge, un repos, une espérance, dans les principes d'une sage liberté.

Le chef de la maison de Bourbon d'ailleurs, par son esprit éclairé, sa philosophie, ses principes politiques antérieurs, inspirait le respect que s'attache à tout prince législateur, qui a toujours à cœur de maintenir l'institution dont il est le créateur.

Le *Journal des débats* ouvrit le premier ses colonnes au gouvernement royal; il fut précédé dans son élan par l'écrit du vicomte de Chateaubriand, intitulé *Buonaparte et les Bourbons,* qui fut, pour ce parti, ce qu'avait été en 1789 la brochure de l'abbé Sièyes : *Qu'est-ce que le tiers-état ?* dans la proclamation d'une assemblée nationale constituante.

Nous verrons par la suite la presse périodique, et en particulier *le Constitutionnel,* comme son expression la plus étendue, jouer un rôle analogue dans les événements de la révolution de juillet 1830.

De même, en 1848, l'*Histoire des girondins*, par Lamartine, l'opinion avancée du *National*, unies aux doctrines du journal *la Démocratie pacifique*, furent le prélude de l'avénement de la République.

Sous ce régime, la liberté *absolue* de la presse, poussée jusqu'à sa dernière conséquence, permit de discuter le principe même du gouvernement républicain, de l'attaquer dans son essence, ce qui devait faire naître plusieurs partis, et amener nécessairement l'anarchie parmi les dépositaires du pouvoir.

En effet :

La proposition des questeurs de l'Assemblée législative d'*assumer sur eux le commandement des troupes*, contrairement à la Constitution, ne permettait plus de distinguer là où était le principe d'autorité ; ce qui décida le mouvement unanime de l'armée à se placer comme tête de colonne de l'esprit public, afin de laisser au peuple le soin de décider à quel pouvoir elle devait obéir. Le suffrage universel lui a répondu.

Ces divers événements se dérouleront devant nous, dans notre seconde époque, en commençant par le gouvernement de la Restauration, qui s'élève d'abord sous l'empire de la liberté de la presse, et disparaît devant la tentative d'un retour au pouvoir absolu.

SECONDE ÉPOQUE.

1814 à 1851.

Nous avons recueilli tous les matériaux qui doivent former la matière de notre seconde époque; elle embrasse la partie la plus délicate de l'histoire contemporaine, et forme le pendant à l'esquisse que nous avons tracée dans notre première partie.

Elle résume :

Le rétablissement en France de la maison de Bourbon par les princes alliés.

La proclamation d'une Charte constitutionnelle, destinée à former l'alliance de la monarchie héréditaire avec les conquêtes de la révolution de 89.

Le retour de l'île d'Elbe ou les Cent Jours.

La Restauration du gouvernement royal, et la mise en œuvre du régime constitutionnel.

Le progrès de l'esprit public, qui préparait la Révolution de Juillet.

L'élévation au trône, par la bourgeoisie, du chef de la maison d'Orléans. La pratique du gouvernement parlementaire.

L'insurrection de l'Hôtel de Ville. Le Gouvernement provisoire. — La proclamation de la République sans appel au peuple. — Le Suffrage universel pour la nomination d'un président. — Nomination de Louis-Napoléon Bonaparte. — La République parlementaire. — Le coup d'État du 2 décembre. — Sa confirmation par le suffrage universel. — La Dictature présidentielle confiée à Louis-Napoléon Bonaparte.

— La Constitution napoléonnienne instituée par la délégation du Peuple.

Nous avons suivi dans ce travail la méthode que nous avons adoptée dans notre premier essai : l'étude des événements par les mouvements de l'esprit public, et les effets produits par la presse.

C'est par la réunion de ces divers matériaux que nous avons cherché à reconnaître et à décrire les causes des grands changements survenus dans l'organisation de la société.

Ce n'est pas tout que de signaler l'importance des publications ; il faut encore expliquer le mobile qui a fait agir les auteurs, les suivre dans leur carrière politique comme dans leurs intérêts privés, afin que l'histoire puisse un jour les apprécier et rendre justice à leur dévouement, ou stigmatiser leurs vues intéressées.

Nous avons eu le courage de tout lire, de tout vérifier, et de comparer nos recherches avec nos propres impressions, et de rappeler nos souvenirs.

Mais, si nous avons eu la force de tout réunir, nous confessons que dans ce moment elle nous abandonne au moment de la publication.

En voici les motifs :

Les personnages du premier plan de notre seconde esquisse sont tous *proscrits*.

Ceux du second sont pour la plupart sur la terre étrangère.

D'autres encore éprouvent le sort des vaincus, et vivent dans le silence et la retraite.

De plus malheureux subissent la peine de la détention pour le délire qu'engendre l'amour trop vif de la liberté.

Dans ce temps d'arrêt où l'opinion sommeille, irons-nous, par des révélations historiques de fraîche date, rallumer la guerre des partis ?

Nous préférons nous arrêter... D'ailleurs nous avons aperçu à l'horizon la clémence..., dont les rayons ont déjà scintillé sur la tête de plusieurs milliers d'hommes égarés, et nous nous sommes demandé si ce ne serait pas douter de la Providence que de supposer qu'elle pût s'arrêter dans sa marche, qui est le signe visible de sa puissance comme de son éternité.

Nous attendrons donc, pour la publication de la suite de notre mémoire, quelques mois, quelques jours, quelques heures peut-être... Puisse le jour de la réconciliation s'approcher de plus en plus de nous, pour le salut et le bonheur de la France !

Le but que nous nous étions proposé en commençant cette revue générale était de mettre au jour tous les systèmes, de faire connaître toutes les épreuves qu'a subies la liberté de la presse à toutes les époques de l'histoire, de les comparer ensemble, afin d'arriver à cette conclusion :

« Que doit être au 19ᵉ siècle une direction de l'imprimerie, «de la librairie et de la presse? Une conservation de la «littérature et de la propriété littéraire, une administration «des bibliothèques, une juste répartition des lumières sur «l'ensemble du territoire, un encouragement général aux «grandes entreprises littéraires, en s'inspirant des travaux «des Colbert, des d'Aguesseau, des Malesherbes, des Por- «talis, des Royer-Collard, des Villemain, et au-dessus d'eux «tous de Napoléon, afin de formuler un plan en harmonie «avec la Constitution, qui promette à la France la jouis- «sance de toutes les conquêtes de la glorieuse révolution «de 89. »

Nous n'abandonnons pas l'idée de produire un jour ce dernier travail.